AF453239

Les Missions

DE LA

Nouvelle-Guinée

—

ALBUM

ALBUM

DES

MISSIONS DE LA NOUVELLE-GUINÉE

CONFIÉES A LA

SOCIÉTÉ DES MISSIONNAIRES DU SACRÉ-COEUR

PARIS

IMPRIMERIE DE D. DUMOULIN ET Cᵉ

5, rue des Grands-Augustins, 5

ALBUM

DES

MISSIONS DE LA NOUVELLE-GUINÉE

CONFIÉES A LA

SOCIÉTÉ DES MISSIONNAIRES DU SACRÉ-COEUR

EN VENTE

AU PÈLERINAGE DE NOTRE-DAME DU SACRÉ-CŒUR, A ISSOUDUN

AUX AMIS ET BIENFAITEURS DE NOTRE MISSION

Notre but, en publiant ce petit *Album de la Nouvelle-Guinée*, a été de rendre sensible aux yeux d'un plus grand nombre de lecteurs chrétiens l'œuvre d'apostolat entreprise, il y a douze ans, dans l'une des terres les plus éloignées et les plus sauvages du monde.

Cette œuvre, pour être continuée avec succès, a besoin de la sympathie dévouée des cœurs catholiques. Il faut que les missionnaires disséminés dans les solitudes de la Papouasie puissent compter sur les prières assidues et ferventes des âmes qui, au sein de la vieille Europe, jouissent de l'abondance des biens spirituels... Il faut que de ce foyer de vie chrétienne que l'Église entretient avec tant d'amour dans notre chère patrie, quelques rayons viennent nous éclairer et nous réjouir dans ces régions où la mort spirituelle a si longtemps régné...

Et il nous faut aussi, nous l'avouons sans honte, le concours d'une charité intelligente des nécessités de l'apostolat, ingénieuse et toujours en éveil.

Nos missionnaires, dans leur lutte sans trêve avec la fièvre et le terrible climat de la Nouvelle-Guinée, ont encore la cruelle anxiété de se voir entourés et comme enveloppés par les stations rivales des missions protestantes, ces dernières admirablement pourvues et outillées, magnifiquement subventionnées.

Rien ne manque à l'active propagande des sociétés protestantes, ni les allocations annuelles, cinq fois plus fortes pour chaque ministre que celles des missionnaires catholiques, (et de cela certes ! nous bénissons le ciel, car on ne voit nulle part que l'Église de Dieu ait pris ses accroissements par la force du dollar); ni les voiliers confortablement aménagés pour naviguer le long des côtes; ni les steamers rapides et somptueux pour les voyages de santé vers Sydney, la Tasmanie et la Nouvelle-Zélande. Nous ne demandons ni ce confortable, ni ce luxe, mais seulement les moyens indispensables pour atteindre avec plus de rapidité et de sécurité, nos enfants de la côte et de l'intérieur qui nous sont encore inconnus. Parmi ces moyens, une petite *chaloupe à vapeur*, capable de remonter les rivières et de tenir la mer, se présente en première ligne. Elle nous sera accordée puisqu'elle nous est *nécessaire*.

Nous l'appellerons le *Saint-Raphaël*, suppliant l'aimable archange qui conduisit Tobie d'être aussi pour nous l'ange des voyages bénis et des heureuses rencontres.

Heureuse petite chaloupe qui portera la Croix, le Baptême, l'Eucharistie, le culte de la Vierge aux nombreuses tribus barbares encore esclaves de Satan! Ames chrétiennes, qui connaissez le don de Dieu et ce que vaut la foi donnée à une âme, et combien Jésus est reconnaissant pour une âme qu'on lui a donnée, vous qui enviez le sort des pêcheurs Galiléens donnant joyeusement leur coup de rame dans la barque de Pierre et d'André pour transporter le divin Maître d'une rive à l'autre du lac de Génésareth, songez que le Sauveur a encore bien des voyages à accomplir pour rassembler jusqu'à la dernière ses brebis bien-aimées.

Vous ne refuserez donc pas à la barque de ses apôtres, à *la chaloupe de la Mission*, l'aumône de quelques tours d'hélice.

A. J., M. S. C.

P. S. — Les personnes qui voudront bien contribuer à l'œuvre de la Mission de la Nouvelle-Guinée, et notamment à l'acquisition de la chaloupe à vapeur, sont priées d'adresser leur offrande au R. P. Jullien, missionnaire du Sacré-Cœur, à Issoudun (Indre).

A NOS GÉNÉREUX BIENFAITEURS

A TOUS LES AMIS DE NOS MISSIONS

ET A CEUX, PLUS NOMBREUX ENCORE, QUI VOUDRONT BIEN LE DEVENIR

NOUS OFFRONS ET DÉDIONS

CE MODESTE ALBUM

Les Missionnaires de la Nouvelle-Guinée.

LA NOUVELLE-GUINÉE

I

QUELQUES MOTS DE PRÉAMBULE

Ces lignes n'ont aucunement la prétention de constituer un chapitre de géographie; elles ont pour unique objet de faire passer sous les yeux du lecteur une image réduite de la grande île océanienne où notre Mission est établie.

La Nouvelle-Guinée, ou Papouasie, s'étend au nord de l'Australie dont elle est séparée par le détroit de Torrès.

Les géographes reconnaissent en elle la plus grande île du globe; sa lourde voisine, l'Australie, ayant obtenu du fait de sa masse la dignité de continent. Les autres grandes terres océaniques, Sumatra, Madagascar, Bornéo lui-même, doivent céder le pas à cette mystérieuse et encore sauvage reine des mers équatoriales. Quelques chiffres valent mieux que de longs discours pour établir la superficie comparée de ces divers pays. Prenant pour base d'appréciation le territoire de notre chère patrie,

La France a, dans ses limites actuelles, 527000 kilomètres carrés,

Madagascar, 591 000 kilomètres carrés.

Bornéo, 749000 kilomètres carrés.

La Nouvelle-Guinée, 800 000 kilomètres carrés.

Comprise entre le 0°,15′ et le 10°,40′ de latitude sud; entre le 131° et le 151° de longitude est (méridien de Greenwich), la Nouvelle-Guinée atteint une longueur de 2.400 kilomètres (la distance de Paris à Saint-Pétersbourg, ou encore, des côtes d'Espagne à la Crète); il est vrai que sa plus grande largeur ne dépasse pas 700 kilomètres.

Reine par l'étendue, elle l'est plus encore par sa situation, au cœur même de ces archipels qui, au sud-est de l'Asie continentale, prolongent dans les lointains du Pacifique une seconde Asie. Elle compte dans son cortège quelques-unes des plus belles îles du globe : les Moluques, Beroë, Amboyne, Ceram dans le nord-ouest ; et, vers le sud-est, les d'Entrecasteaux, les Louisiades et les Salomon, sans parler de la Nouvelle-Bretagne et de la Nouvelle-Irlande qui, malgré leur importance, ont bien l'air d'être ses vassales.

Sans histoire dans le passé, ayant pour tout apanage d'honneur les légendes qui placent chez elle l'antique Ophir, cette terre enchantée et introuvable où la flotte d'Hiram allait s'approvisionner d'or et de merveilles pour ajouter au rayonnement glorieux du trône de Salomon, la Nouvelle-Guinée n'a d'autres dates ni d'autres noms illustres à fournir que la date des explorations qui l'ont révélée au monde et les noms de ses grands *découvreurs*; c'est à savoir, le Portugais Jorge de Ménesès (1524-1530) les Espagnols Ortiz de Retes et Saavedra (1528-1545).

Depuis lors, les explorateurs se sont succédé, déterminant peu à peu les contours de ses rivages, l'orientation de ses montagnes et le cours de ses fleuves. Les noms de d'*Urville* et de l'*Astrolabe*, semés le long de ses côtes, disent assez que la France sut, ici comme ailleurs, cueillir de nobles palmes.

Mais, quelle que soit l'obscurité de son passé et l'insignifiance de son présent, la Nouvelle-Guinée a devant elle un grand avenir. Ce n'est pas sans dessein que Dieu l'a placée au croisement de deux grandes routes du globe : l'une qui, tôt ou tard, s'ouvrira de l'isthme de Panama vers l'Inde et l'Europe à travers l'Océanie; l'autre, déjà en partie frayée, de l'Australie vers le Japon et les ports russes de l'Extrême-Orient.

Du reste, la prise de possession presque simultanée[1] de la partie orientale de la grande île par les deux puissances rivales qui se disputent les grands marchés du monde en dit assez long. L'amour des plantations ne fut sans doute pas le motif dominant qui amena sur les côtes de la Papouasie (en 1884-1885) les drapeaux de l'Angleterre et de l'Allemagne. Il s'agissait plutôt de s'assurer d'avance la clé de ces grandes routes commerciales de l'avenir, et de tenir les points stratégiques où, dans les luttes futures, les dépôts de charbon et les batteries de canons feront le meilleur effet.

C'est ainsi que la Nouvelle-Guinée se trouve partagée entre trois dominations. La Hollande revendique plutôt qu'elle n'occupe toute la partie occidentale jusqu'au 141° degré de longitude est; l'Allemagne a pour elle une large bande de la partie nord, du 141° au 148° degré. L'Angleterre étend son sceptre sur le vaste bassin du Fly et sur la longue presqu'île qui descend vers le sud-est.

Bien que proche voisine de la Nouvelle-Hollande, et placée au nord du détroit de Torrès comme une annexe du continent austral, la Nouvelle-Guinée a pourtant sa physionomie propre, et garde en face de l'Australie une originalité des plus marquées.

L'Australie est un énorme banc de sable surgi par accident des profondeurs de la mer, et donnant, par son relief indécis, par le contour informe de ses rivages, l'impression d'une ébauche de continent. Cette impression est d'ailleurs justifiée par une étude plus attentive du pays : les montagnes, j'entends les plus audacieuses, celles qui portent le nom sonore d'Alpes australiennes, ne réussissent pas à atteindre 3 000 mètres. Les fleuves s'en vont à l'aventure à travers les sables, et quelques-uns, ne trouvant pas le chemin de la mer, terminent brusquement leur course et tout bonnement s'ensevelissent dans les sables.

---

1. Le protectorat de l'Angleterre sur la partie orientale de la Nouvelle-Guinée fut proclamée le 6 novembre 1884. Dès le mois d'avril 1885, l'Allemagne plantait son drapeau sur la côte Nord, s'attribuant toute cette partie de la grande île, sous le nom de *Terre de l'Empereur Guillaume* (Kaiser Wilhelms Land).

La Nouvelle-Guinée, au contraire, — un regard jeté sur la carte en donne une idée suffisante, — est vigoureusement sculptée dans son ensemble, et dans plusieurs de ses détails finement ciselée. Elle se laisse largement pénétrer par la mer dans ses beaux golfes du *Geelvink*, et des *Papous*, et, en retour, elle projette au loin dans les flots de superbes presqu'îles et de hardis promontoires. N'est-il pas vrai que la péninsule du sud-est rappelle l'Italie?... et, à l'extrémité opposée, la double presqu'île d'Onin et de Beraü, découpée comme un pampre de vigne sur la mer qui l'enveloppe, n'éveille-t-elle pas l'image d'une presqu'île toute pareille, l'antique Péloponèse?... Mêmes nervures dessinées par les chaînes de montagnes, mêmes échancrures profondes où la mer vient s'abriter. C'est le golfe de *Maccluer*, tout semblable à celui de Corinthe, et c'est aussi l'étrange succession de lacs intérieurs où se prolonge la baie d'*Argouni*.

Quant à ses montagnes et à ses fleuves, la Nouvelle-Guinée ferait peu de cas d'une simple *mention honorable*; elle se place d'emblée *hors concours*.

Où est l'*île* dans le monde entier qui, sous les ardeurs du soleil équatorial, ait la gloire de dresser des cimes éternellement blanches?..... Et à quelle autre terre a-t-il été donné de réunir en un même paysage ces trois magnificences qui, partout ailleurs, se cherchent sans se rencontrer : l'Océan, la forêt vierge des tropiques, la candeur immaculée des neiges alpestres ?.....

La nature, développée ici dans la plénitude de ses énergies, a résolu toutes les dissonances dans une symphonie supérieure où peuvent chanter à l'aise toutes les voix de la création.

Sur son clavier agrandi l'Artiste a donné l'accord parfait.

Dans la Nouvelle-Guinée hollandaise, la chaîne des monts *Charles-Louis* — les *montagnes de neige* des anciens navigateurs — et, dans la partie allemande, le groupe des monts *Bismark*, montrent de loin, aux marins voguant sur le Pacifique, des sommets de plus de 5 000 mètres[1] où le ciel des hauteurs a déposé

1. V. les cartes allemandes publiées par Justus Perthes, de Gotha.

le bandeau sacré des neiges sans tache, blanches apparitions que les nuages découvrent par instants, mirages aériens d'une Suisse invraisemblable.....

La partie anglaise, où notre Mission se trouve établie, sans prétendre à de pareils tableaux, a pour elle le vaste système de l'*Owen-Stanley*, dont les deux cimes principales, l'*Albert-Édouard* et le *mont Victoria*, dépassent 4 000 mètres.

Sur toutes ces montagnes, la forêt vierge étend son rideau impénétrable jusqu'à une altitude de 3 500 à 4 000 mètres, donnant à la Nouvelle-Guinée cet aspect de terre sombre et inaccessible qui inspire aux voyageurs une admiration mêlée d'effroi :

Les hautes montagnes sont les réservoirs des grands fleuves.

Cet axiome d'école primaire, vénérable comme les souvenirs d'enfance, a, par-dessus le marché, l'avantage de se vérifier un peu partout, même en Nouvelle-Guinée. Et c'est pourquoi fleuves, rivières et torrents courent et bondissent ici dans toutes les directions. Les *montagnes de neige* donnent naissance aux deux artères majeures de la Papouasie : l'*Ambernoh* et le *Fly*.

L'Ambernoh, encore inexploré, descend à travers les solitudes de la Nouvelle-Guinée hollandaise et se jette dans la mer par un vaste delta, près de la pointe d'*Urville*. Découvert, au seizième siècle, par les marins espagnols, il reçut de ces fiers catholiques le nom de *Rio de Sant Augustin*, qu'il est juste sans doute de ne pas laisser dans l'oubli.....

Le Fly, exploré d'abord par d'Albertis, et que Sir William Mac Gregor a pu remonter jusqu'à huit cents kilomètres de son embouchure, reçoit par ses affluents les eaux des chaînes centrales de la grande île, entre autres celles des monts Victor-Emmanuel, et verse dans le golfe des Papous des masses liquides à étonner les fleuves d'Europe. Vient ensuite, comme importance, la *Kaiserin-Augusta-River*, le plus beau fleuve de la colonie allemande, dont le cours, parallèle à la côte nord, peut porter des navires d'un fort tonnage jusqu'à plus de quatre cents kilomètres de la mer.

Les tributaires du golfe des Papous succèdent immédiatement. C'est d'abord le *Purari*, autrement désigné sous le nom de *Queens Jubilee River*. Ce fleuve, exploré d'abord par l'anglais Théodore Bevan, descend des montagnes de la Nouvelle-Guinée allemande et se jette dans la mer près des villages de Maipua, après avoir formé un delta de 400 à 500 milles carrés. Il est navigable sur un parcours d'au moins 200 kilomètres. En inclinant vers le sud-est, on rencontre les rivières *Bailala* (130 kilomètres de cours navigable) *Tauri* et *Lakekamu* (environ 90 kilomètres), la première, bordée de fertiles et gracieuses collines, les deux autres, glissant à l'ombre des *sagoutiers* qui se pressent en forêts sur leurs rives. A la hauteur du mont Yule, la ligne des montagnes se rapproche de la côte, et, dès lors, les rivières *Biaru*, *Araburc* ou Saint-Joseph, et l'*Aroa* ne permettent pas aux embarcations de remonter vers l'intérieur au delà de 50 ou 60 kilomètres. Les grandes rivières de la côte nord-est, le *Musa*, le *Kumusi*, le *Mambare* et l'*Ikore*, bien que très abondantes, prennent trop souvent, à travers les rapides, une allure de torrent, et ainsi ne promettent au voyageur qu'une navigation pleine de difficultés et de périls.

Avec un modelé si différent de celui de l'Australie, et sous la triple influence de ses hautes montagnes, de ses rivières et de ses forêts, on conçoit que le climat de la Nouvelle-Guinée tranche singulièrement avec celui des pâturages et des vastes déserts du continent austral, d'autant plus que l'Équateur fait sentir son voisinage par la brûlante température de son été sans déclin. Humidité et chaleur caractérisent suffisamment le climat de ce beau pays, et vous en indiquent d'avance l'état sanitaire, lequel, pour l'Européen non encore acclimaté, se résume en un mot qu'il importe de bien savoir : *Fever! Fever!!* (Fièvre et encore fièvre.)

Il ne faut pourtant rien exagérer. Au témoignage de ceux qui ont vécu dans d'autres colonies de la zone tropicale, à la Guyane, par exemple, ou au Sénégal, le climat de la Nouvelle-Guinée est relativement très supportable. La température dépasse rarement 38 ou 40 degrés cent., même par les journées les plus chaudes. Il est vrai qu'elle descend rarement au-dessous de 30 degrés. De plus, les vents réguliers du sud-est et du nord-ouest apportent dans l'atmosphère surchauffée de la plaine la vie fraîche et inépuisable de l'Océan. Dieu n'a rien négligé pour rendre habitable et heureuse, même sous les brûlants soleils, la demeure de ses enfants.

II

LE PAYS DE LA MISSION — ASPECT GÉNÉRAL

La baie de *Hall Sound* figure une anse à peine perceptible dans les sinuosités capricieuses de la côte sud-est de la Papouasie, — le voyageur qui déploie une carte de ces lointaines régions la découvre à peine; — et pourtant, Dieu l'a marquée d'un trait de lumière, et la gloire qui du ciel s'épancha un jour sur elle ne lui sera point ôtée.

L'île Yule (Rabao) qui, depuis les anciens jours, stationne dans ses eaux comme un navire à l'ancre, vit, un soir, — c'était le 1ᵉʳ juillet 1885, — aborder sur ses rives un jeune voyageur fatigué, dont l'allure annonçait autre chose qu'un explorateur ou un marchand. Son regard, tour à tour voilé de mélancolie et rayonnant d'espérance, embrassait cette terre comme une conquête et semblait vouloir l'offrir à quelqu'un d'invisible, sans doute à un grand roi dont il était l'envoyé.

De fait, ce jeune homme était un envoyé, l'envoyé de Dieu et du Pape; il était prêtre catholique, — le premier qui eût foulé la terre papoue, — et lorsqu'il eut offert son premier sacrifice, il rédigea d'une main tremblante son bulletin de victoire. On y lisait : « Vive le divin Cœur de Jésus! Comme autrefois d'Albertis, le fameux explorateur de la Nouvelle-Guinée, notre petite Société peut s'écrier : Je suis enfin en Nouvelle-Guinée, et, avec la grâce de Dieu, j'y resterai. »

Le Père Verjus y resta, il y souffrit beaucoup, épuisa ses forces au terrible labeur de la Mission naissante, — contre son attente, hélas! il mourut ailleurs; — mais de ses mains il avait allumé là un grand foyer d'évangélisation dont il a légué la garde à ses frères d'armes, et qui, avec la grâce de Dieu, ne s'éteindra pas. Le bon Dieu, qui est un stratégiste incomparable, avait ici disposé les terres et les eaux en vue de la conquête évangélique de la Nouvelle-Guinée. « Vous avez l'*œil* de la Nouvellé-Guinée », dira plus tard à Mgr Verjus S. E. sir William Mac Grégor, gouverneur de la colonie et l'un des plus grands explorateurs de la Papouasie, signifiant par là en quel site heureusement choisi la Providence avait placé le berceau de la Mission. Ici la mer s'apaise et s'endort dans le calme bassin que lui dessinent les collines; ici la houle du large s'arrête devant la double barrière du grand récif et de l'île Yule, et toutefois, une entrée spacieuse, la passe de *Mareaô* invite les navires à venir chercher un abri dans ce havre intérieur, le meilleur et le plus sûr que présentent ces rivages. Et tandis que s'ouvre ce chemin vers la haute mer et l'Australie, vers l'Europe lointaine et toujours aimée, le *Saint-Joseph* qui débouche en face, à travers son labyrinthe de palétuviers, offre au missionnaire la meilleure voie de pénétration vers l'intérieur de la grande terre où il pressent de riches moissons d'âmes.

Port-Léon, au sud de l'île, est ainsi le rendez-vous providentiel des grands voiliers et des pauvres barques de la Mission. Là se croisent et s'accostent, pour le service des âmes, les puissants steamers de Sydney et les étranges pirogues des indigènes, ces dernières emportant comme une proie vers la rive ce que les colosses de fer laissent échapper de leurs flancs inépuisables. Ainsi, dans cette région prédestinée qui s'étend du cap Possession au cap Suckling, la nature barbare s'est adoucie, humanisée, comme pour venir en aide aux envoyés de Dieu, descendus là pauvres et dénués, et se mettre de moitié dans leur rude tâche.

Mais Celui dont la vigilante Sagesse concerte tout en vue du succès de ses apôtres, est aussi le suprême artiste qui ne néglige pas de donner à ses œuvres le sceau de la beauté : le berceau de la foi d'un peuple appelle des horizons gracieux ou sublimes, comme au baptistère où l'on apporte l'enfant nouveau-né les arts doivent leurs chefs-d'œuvre. Dieu s'entend mieux que personne à ces délicatesses ; Il crée d'avance ces harmonies. Il a donné pour cadre à l'île Yule et à son golfe un immense cirque de montagnes où des géants de trois mille et de quatre mille mètres tiennent lieu de pilastres sous l'éclatant dôme bleu, tandis qu'une effrayante armée de cimes sourcilleuses enfle ses vagues, comme pour emporter d'assaut les hautes forteresses qui barrent l'horizon.

On aperçoit d'abord le mont Yule (ou Kobio), dont le noble profil alpestre captive le regard ; puis, plus loin et plus haut, dans le nord-est, une vaste courbe aux tons d'argent s'arrondissant dans le ciel comme l'orbe d'un bouclier antique ; c'est *Oumi Manaia*, la grande cime longtemps mystérieuse et que nous avons pu contempler de plus près l'an dernier, en lui donnant le nom glorieux de *mont Sainte-Marie*. C'est de là que vient le Saint-Joseph. Voici, au premier plan, la croupe sauvage du *Boboleva*, cette montagne en forme de rhinocéros, qui plonge son cou de monstre dans la vallée où roule le Saint-Joseph. Il y a là une large dépression qui promet un accès facile dans la région des montagnes. Ce n'est en effet qu'une promesse ; le vrai chemin est ailleurs.

Les dernières ramifications du système de l'Owen-Stanley succèdent immédiatement : ce sont les crêtes de Diene, Bouè, Kebea, qui portent les villages d'Uni-Uni, dominées au loin par le massif de l'*Albert-Édouard* ; puis, terminant vers la mer la haute muraille de l'Owen Stanley, le mont *Victoria* (4 100 m.) dont le triple sommet s'empourpre chaque matin dans la gloire du soleil levant.

Au pied des monts, la superbe plaine de Mekeo, dont le Saint-Joseph est le nourricier. Sur ce sol fécond la forêt vierge étend son lourd manteau d'un vert intense, déchiré çà et là par de vastes clairières où ondoient les hautes herbes, le tout égayé par les bouquets de cocotiers penchés sur les villages, et par la verdure tendre des jardins indigènes. Déjà le Saint-Joseph a ralenti sa course de torrent ; il s'en va d'une allure aisée, emportant les reflets changeants de ses rives où les roseaux alternent avec les tiges grêles des aréquiers, où l'arbre à pain aux larges feuilles succède à l'ombre fraîche des massifs de bambous ; déjà la mer s'annonce au nombre des *nipas* dressant leurs palmes, en attendant l'inévitable et infecte bordure des palétuviers surgissant de la vase où dorment les crocodiles. Ne nous attardons pas dans ce bourbier ; traversons rapidement le Paru, le Poïmo et l'Oréké, anciennes bouches du fleuve abandonnées maintenant aux caprices de la marée, et gagnons les collines de Bereina. On respire à l'aise sur leurs clairs sommets. A leurs pieds, la mer, d'où montent les brises vivifiantes, vient se briser sur la plage de Waïma, qui se développe là-bas à l'ombre des cocotiers, harmonieuse et sereine comme les rivages classiques de la Ligurie ou de la Grèce.

Les gracieuses collines ondulent en chaînes parallèles jusqu'à la hauteur de *Kivori*, où elles se ramifient dans la direction du nord et du nord-ouest, les unes s'abaissant graduellement vers *Raurana* et *Inovacira*, les autres gagnant sur la mer à la pointe du cap Possession et, de là, se prolongeant en falaises jusqu'à *Iokea*. Le point culminant de cette barrière est le pic de *Kaliko*, nommé *Wedge hill* sur les cartes anglaises, reconnaissable au loin en mer, et qui domine d'un côté la grande houle du golfe des Papous, de l'autre les solitudes mortes de l'étang d'*Inapi*, vaste foyer de fièvre que traversent comme un courant de vie les eaux joyeuses et froides de la rivière Maäkunga. Celle-ci se hâte vers Biaru (Combes river de la carte anglaise), le fleuve côtier qui descend du mont Yule, et dont le cours profond offre une autre route vers les tribus de l'intérieur.

Aux collines de Bereina répondent, à l'est de Yule, les collines de Pokao et de Nara, non moins aimables à parcourir ; et, par delà *Kaiaù*, la rivière Aroa, descendant de l'Owen Stanley, fait pendant au Biaru ; par elle libre accès est ouvert aux riches campagnes de *Kapatsi*, aussi fertiles que splendides.

Telle est la terre où Dieu nous a conduits, avec mission de l'y faire bénir par les âmes qui portent l'étincelle divine comme il y est béni par les mille voix de la nature.

III

LES HABITANTS

Il faut le dire, en effet, et toute âme chrétienne le comprend, ce que l'œil du missionnaire veut contempler avant toutes choses, la merveille dont son cœur est épris, c'est beaucoup moins la splendeur des paysages que la secrète beauté des âmes pour lesquelles il a tout quitté. Si l'apôtre aime la parure extérieure que Dieu a donnée à sa patrie d'adoption, c'est la beauté immatérielle de l'innocence chrétienne qu'il veut faire rayonner sur son front, et cela au prix d'un travail que rien ne lasse, à travers les difficultés joyeusement surmontées; plût à Dieu qu'au prix de son sang il conquît pour ces chères âmes ce vêtement de grâce; il aurait, du moins, sur le seuil de la mort, la vision souhaitée d'une Église nouvelle incorporée au Christ et purifiée dans le sang de l'Agneau. N'est-ce pas dans le sang des disciples que doit s'achever la Passion du Maître ?

Et c'est pourquoi le missionnaire s'en va de tribu en tribu, étudiant les divers dialectes, s'initiant aux coutumes, essayant d'atteindre les âmes à travers l'épaisse couche d'erreurs, d'ignorance et de superstitions que les siècles ont amoncelée sur elles.

La Mission étend aujourd'hui son action sur trois tribus auxquelles répondent trois langues différentes; c'est à savoir : *Roro*, *Mekeo* et *Pokao*.

Roro égrène ses villages au bord de la mer et le long des lagunes qui s'y déversent. Ses hommes vivent des flots autant que de la terre, — celle-ci pierreuse et trop souvent aride. — La pêche les rassemble périodiquement en grandes troupes aux bouches de l'Éthel ou du Saint-Joseph où le poisson abonde. Le poisson, soigneusement fumé, sera, aux jours de marché, échangé contre les superbes taros et les énormes patates que les femmes de Mekeo apporteront plein leurs filets.

Gens de mer, gens d'aventures et de trafic, l'un entraîne l'autre. Roro émigre, les hommes s'entend, vers les tribus de la côte, au nord-ouest et au sud-est, selon les vents et les saisons. A l'automne (octobre-novembre), qui est le printemps papouasien, c'est le voyage à Motu-Motu, à la recherche du sagou qui croît en forêts inépuisables au bord des grandes rivières. On échange là-haut les poteries *fines* de *Ciria* (Yule-Island), célèbres par toute la côte, contre les ballots de sagou qui s'entassent au fond de la *kèbè* (quadruple, sextuple pirogue). En mars ou avril, après les grandes pluies, c'est la visite annuelle chez les *joailliers* de Aurama et de Moku (dans les parages de Port-Moresby), sans pareils dans l'art de monter un collier de menues coquilles (mobio) et de polir un bracelet (ohèa). Ces diverses migrations, favorisées par le change-ment des moussons, s'accomplissent au murmure d'une mélopée somnolente qui rend assez bien la monotonie mélancolique de la vie canaque.

Et toutefois, en dépit de cette vie instinctive et presque végétative que la nature leur a faite, les gens de Roro ne manquent pas d'esprit. Ils savent être câlins, malicieux, obséquieux et flatteurs sans platitude; à l'arrivée des navires ils sont friands de nouvelles. Ce sont les Athéniens de la Papouasie. Leur langue, du reste, mérite d'être tenue pour classique en regard des dialectes voisins. Elle a le mérite très appréciable de ne pas abîmer les lèvres qui la parlent. Elle sonne nette et distincte sans effort ni contraction ridicule; elle est aisée dans la causerie et ne répugne pas aux effets oratoires; colorée du reste et musicale comme il convient sous ces grands soleils, prodiguant les *o* et les *a* comme ferait la langue italienne ou espagnole.

Tel est donc Roro dans son élégante simplicité; à moins qu'il ne pêche ou ne voyage, il est assis en paix au pied de ses bananiers.

Mekeo, en possession de la riche vallée du Saint-Joseph, a pour lui la graisse de la terre et le gibier des forêts. Les légumes plantureux s'entassent dans ses greniers, et, à l'approche des *taƺus* (festins indigènes), ses claies de bambous fléchissent sous le poids des sangliers et des casoars. C'est le paysan solidement établi, abondamment nourri, et que l'ardeur du sang entraîne aux grandes chasses, le temps des grandes guerres n'étant plus.

Cette robuste souche porte deux grandes branches : *Veè* et *Biofa*. Veè, la tribu vaincue, aux villages dévastés, où l'herbe pousse encore en espoir de vengeance; Biofa, la tribu féconde et habile qui sut se ménager l'appui des guerriers de la mer (Lokoù et Motú-Motu), pour écraser sa rivale. Ces deux sœurs ennemies, bien que frémissantes encore de la fièvre des anciennes luttes, se rapprochent déjà au pied de la croix plantée dans leur domaine. Le temps n'est pas loin où de l'*Éthel* au *Biaru*, des lagunes d'*Inawi* au pic d'*Eleia*, cette tribu, la plus nombreuse de notre mission, chantera à Dieu son merci pour le double bienfait de la grâce du baptême et de la paix sans trouble. Elle le chantera dans sa langue rude et fortement gutturale, une vraie langue de sauvages, celle-là! mais Celui qui a formé les peuples et les langues est assez compréhensif pour sentir le charme particulier du dialecte le plus barbare, et son cœur est attentif à la prière du Canaque à peine dégrossi comme à celle de l'Européen le plus affiné.

Pokao vit un peu à l'écart, dans la région qui s'étend à l'est de Yule. C'est la terre des eucalyptus et des kanguroos, le pays des montagnettes aux bois légers, aux vertes pelouses, où les brises plus fraîches se chargent du parfum des aromates sauvages (*montem myrrhæ, collem thuris*); où le missionnaire malade trouve, au sein d'un paysage reposant, la salubrité et la gaieté.

Cette belle contrée mériterait une nombreuse et puissante tribu. Hélas! elle n'en porte que les débris..... La maladie — la peste, dit-on — est venue s'ajouter aux guerres pour décimer ces malheureux villages, groupes chétifs, clairsemés, dont les pauvres cases semblent courbées sous un poids de misère depuis le passage du fléau.

La langue ici diffère encore ; elle est suave et fluide, et semble vouloir être murmurée à voix basse ; c'est la langue des gens paisibles, réfléchis, qui aiment à se recueillir et à vivre dans l'intimité. Tel est bien, en effet, le caractère de cette peuplade. Elle a horreur du bruit, des querelles, des discours, de tout ce qui sent la réclame et la parade. Elle porte noblement son deuil.

En lui apportant la foi catholique qu'elle était venue demander à Yule avec tant d'instances, les missionnaires lui ont en même temps rendu la joie. On rit maintenant dans Pokao et l'on y chante à plein cœur de beaux cantiques depuis que l'on y prie. Dieu, nous l'espérons, multipliera ce peuple en même temps qu'il augmentera sa joie.

IV

QUELQUES DATES DE L'HISTOIRE DE LA MISSION

En attendant la publication d'une histoire suivie de notre mission, œuvre intéressante confiée au talent sympathique d'un ancien missionnaire de Nouvelle-Bretagne et de Nouvelle-Guinée, le R. P. Fernand Hartzer, l'auteur de l'intéressante brochure : *Cinq ans parmi les sauvages*, aujourd'hui épuisée, et de nombreuses relations insérées aux Missions catholiques, nous croyons satisfaire au désir d'un grand nombre de nos bienfaiteurs et de nos amis en leur offrant, groupés pour la première fois dans l'ordre chronologique, les principaux événements qui se sont succédé depuis l'origine de notre apostolat en Océanie, et particulièrement en Nouvelle-Guinée. On aura ainsi, sans grande dépense d'attention, un tableau fidèle, ou plutôt une perspective assez juste de la vie de notre mission.

1881. *Le 24 juin, en la fête du Sacré-Cœur de Jésus.* — Sa Sainteté Léon XIII confie à la Société des missionnaires du Sacré-Cœur les vicariats apostoliques de la Mélanésie et de la Micronésie, abandonnés depuis septembre 1854, date de la mort du Père Mazzuconi, de la Congrégation de Milan, tombé sous la hache des indigènes de Woodlark.

Le dimanche 1er septembre. — Départ des premiers missionnaires, les Pères Durin, Navarre et Cramaille, pour la Nouvelle-Bretagne.

(Le Frère Fromm, aujourd'hui prêtre, et missionnaire en Nouvelle-Bretagne, faisait partie de cette première caravane.)

1884. *Le 24 octobre.* — Le Père Navarre, supérieur de la mission de Nouvelle-Bretagne, accompagné du Père Hartzer, s'établit à Thursday-Island (dans le détroit de Torrès), où, d'après les instructions de la Propagande, il doit préparer une expédition apostolique en Nouvelle-Guinée.

1885. *Avril.* — S. Ém. le cardinal Moran, archevêque de Sydney, désireux de contribuer au succès de nos missionnaires en leur assurant une maison de repos, en même temps qu'un centre de ravitaillement dans la capitale de l'Australie, fonde à Sydney une *procure générale* pour toutes nos missions d'Océanie, et confie à nos Pères de la procure les paroisses de Botany-Bay et de Randwick.

Le 1er juillet. — Le Père Verjus, monté sur le *Pius* (autrefois le *Gordon*) et accompagné des deux frères Salvatore Gasbarra et Nicolas Marconi, aborde en Nouvelle-Guinée après une traversée aussi pleine d'audace que de périls; — il jette l'ancre dans la baie qui s'ouvre au sud de l'île Yule, et lui donne, en l'honneur de Léon XIII, le nom de Port-Léon; descendant sur le rivage, il est reçu par le chef Raouma.

Le 4 juillet (en la fête de saint Irénée). — Le Père Verjus célèbre sa première messe en Nouvelle-Guinée, au sommet de la petite colline qui domine Port-Léon.

1886. *Février.* — Second voyage du Père Verjus à Yule, après son retour forcé à Thursday-Island.

Le 5 mai. — Le Père Navarre, supérieur de la Mission, rejoint à Yule son jeune et héroïque compagnon.

1886. *Décembre.* — Le Père Verjus, explorant la baie de Hall Sound, découvre un nouveau fleuve qu'il nomme le Saint-Joseph. C'est la route offerte par la Providence vers les villages de l'intérieur.

1887. *Le 17 mai.* — Le Père Navarre est nommé vicaire apostolique de la Nouvelle-Guinée et préconisé évêque titulaire de Pentacomie.

Le 17 mai (et les jours suivants). — Le Père Verjus et le Père Couppée accomplissent un premier voyage au district de Mekeo, jusque-là inconnu, et visitent tous les villages depuis Inawabui jusqu'à Beipaà.

Le 30 novembre. — Mgr Louis-André Navarre, vicaire apostolique de la Nouvelle-Guinée, est sacré par Mgr Marchal, archevêque de Bourges, dans l'église de Saint-Cyr, à Issoudun.

1888. *Le 3 novembre.* — Rentrée solennelle de Mgr Navarre dans son vicariat.

1889. *Le 29 janvier.* — Établissement de la première station dans la grande terre, au village de Mohu, sous le vocable de Saint-Joseph. Le Père Hartzer en est le premier missionnaire.

Le 7 avril. — Le Père Verjus, âgé de vingt-neuf ans, est nommé vicaire apostolique de la Nouvelle-Bretagne, et préconisé évêque titulaire de Limyre.

Le 22 septembre (en la fête de Notre-Dame-des-Sept-Douleurs). — Mgr Henri Verjus, que la Providence retient contre toute prévision en Nouvelle-Guinée, est donné pour coadjuteur à Mgr Navarre, et sacré par lui dans l'église de Port-Léon, en présence de ses chers sauvages.

1889. *Octobre.* — Mgr Verjus fonde la station de Sainte-Marie d'Inawi, premier établissement de la Mission dans le district de Mekeo, et en confie la direction au Père Vitale.

N. B. — Dans l'espace de moins d'une année (de janvier à octobre 1889), le Père Verjus a déployé une activité incroyable. Il a réussi à fonder *huit* stations, si bien qu'en comptant la station mère de Port-Léon, Sainte-Marie d'Inawi arrive la *dixième*. « Nous avons, écrit le cher évêque, la station de Port-Léon, la station de Saint-Joseph de Mohu, qui prospère entre les mains du Père Toublanc. Notre troisième station est Saint-Jean de Pinupaka. Le frère Georges tient la quatrième et la cinquième station; à lui seul il a deux villages : Saint-Georges d'Abiara et l'Immaculée de Bercina. Le frère de Pinupaka dessert aussi notre sixième station, au village de Saint-Jules de Rapa. Le frère Stanislas tient magistralement notre septième station, Saint-Henry de Babiko. Quant à notre huitième et neuvième station, Saint-Louis de Bioto et Saint-Michel de Bahara, les églises-écoles y sont en construction. Mais voici la dixième station : Sainte-Marie d'Inawi; elle est confiée au zèle ardent du bon Père Vitale, qui a pour l'aider le fameux frère Salvatore, et, de plus, deux sœurs pour les écoles. »

1891. *Novembre.* — Pacification des villages d'Inawaïa, sur la rive gauche du Saint-Joseph, et fondation du village de Jesu-Baibua (la paix de Jésus) au bord du fleuve.

1892. *Le 4 juillet.* — (En la fête de saint Irénée), anniversaire de sa première messe en Nouvelle-Guinée, célébrée sept ans auparavant, Mgr Verjus arrive à Marseille. Il vient rendre compte au Souverain Pontife des progrès accomplis dans la Mission, et demander des missionnaires et des ressources pour donner à son œuvre un plus vaste essor.

1892. *13 Novembre.* — (En la fête de saint Stanislas Kostka, son patron de choix), Mgr Verjus, évêque de Limyre, rend à Dieu sa grande âme d'apôtre, à Oleggio (Italie), où il était né et avait été baptisé, trente-deux ans auparavant.

Consummatus in brevi, explevit tempora multa.

1893. *Le 24 juin*. — Arrivée à Yule de quatre jeunes missionnaires, dont trois diacres et un minoré, et de plusieurs frères coadjuteurs, sous la conduite du nouveau supérieur de la mission, le Père Genocchi.

1894. *Le 22 février*. — Arrivée à Yule de six nouveaux missionnaires, dont un prêtre et cinq minorés, et de nombreux frères coadjuteurs, sous la conduite de Mgr Navarre.

***Le 24 février*. —** Ordination sacerdotale, à Yule-Island, de deux jeunes missionnaires, les Pères Coltée et Bouellat. C'est la première ordination qui ait eu lieu en Nouvelle-Guinée.

***Avril*. —** Établissement d'une nouvelle station, à *Beipaà*, le plus important village de la tribu de Mekeo, sous le vocable de saint Paul. Cette station est confiée à l'un des jeunes prêtres nouvellement ordonnés, le Père Bouellat.

1895. *13 mars*. — Établissement de la mission à *Aipeana*, autre grand village de la tribu de Mekeo, à 2 kilomètres de Beipaà. Cette station est confiée au frère Andreas Carls, sous la direction du missionnaire de Beipaà.

Le bienheureux Pierre-Marie Chanel, premier martyr d'Océanie, est le patron de la nouvelle station.

1896. *Janvier*. — Établissement d'une station à *Oriropetana* (district de Mekeo), sur la rive gauche du Saint-Joseph. Cette station, confiée au Père Marie, est placée sous le patronage de saint François d'Assise.

Février. — Fondation de *Vanuamaë* (district de Pokao), sous l'invocation de saint François Xavier. Cette station, la première qui ait été établie dans Pokao, est confiée au Père de Rijke.

Avril. — Fondation, à Thursday-Island, d'un séminaire de catéchistes indigènes. Cette œuvre, d'une importance capitale pour le progrès de la mission, est confiée au Père Guis.

Juin. — Fondation d'*Inawabui* (district de Mekeo), à 4 kilomètres de la lagune nommée Oroï, l'une des branches de l'Éthel. Cette station, confiée au Père Hubert, est placée sous le patronage de saint François de Sales.

Le 1er juillet. — Commémoration solennelle de l'arrivée de Mgr Verjus en Nouvelle-Guinée, en présence de tous les missionnaires et de tous les grands chefs. Érection d'une croix monumentale sur la colline où le Père Verjus célébra sa première messe. Ce jour est déclaré solennel et sera célébré chaque année comme une fête de famille par tous les missionnaires.

Le 26 juillet et les jours suivants. — Première visite de deux missionnaires, les Pères de Rijke et Jullien, à la tribu des montagnes nommée *Uni-Uni* (au nord-est de Pokao). Découverte de nombreux villages. Rencontre avec plus de cinq cents guerriers des montagnes au village de *Bubuni*. Découverte des rivières *Kubuna*, *Veïda*, *Dilafafala*, et *Ibu*, affluents de l'*Aroa*. Ces tribus nouvelles se montrent admirablement disposées à recevoir les instructions des missionnaires et demandent leur prochain établissement dans leurs montagnes.

Août. — Fondation d'*Inawaia*, important village de la tribu de Mekeo, sur la rive gauche du Saint-Joseph, à trois kilomètres de Jesu Baibua. Cette station, placée sous le vocable de l'Annonciation de la bienheureuse Vierge Marie, est confiée au Père Coltée.

Novembre. — Première visite aux villages de la tribu d'*Inaükina* (*Kuipa*, *Piunga*, *Amo-Amo*, *Waïka*, *Inovacira*, disséminés sur la rivière *Biaru* et ses affluents), par les Pères Vitale, Karsleers et Jullien. Exploration de la rivière *Biaru* et de ses affluents : *Maakunga*, *Maafaà*, *Ikapi*, *Akufaà* et du lac d'*Inapi*.

La tribu d'*Inaükina* ne compte que de pauvres villages, pillés et dévastés par les sauvages de la côte (tribus d'Hohoru et de Motu-Motu).

1897. *Janvier*. — Première visite à la tribu des montagnes nommée *Aifa*, au nord-est de Mekeo, par les Pères Vitale et Bouellat. Découverte des villages de *Veifaà* et de *Vaïlope*; ces villages sont situés au nord du Boboleva (mont Davidson).

Le 8 février. — Établissement de la mission au village d'*Aura Mirié* (district de *Waïma*), à 25 kilomètres au nord-ouest de Port-Léon. Cette fondation, qui pour la première fois nous met en contact avec les protestants, est placée sous la protection de saint Michel, et confiée au Père Guilbaud.

Le 29 avril. — Fondation d'*Amo-Amo* (district de Mekeo), à 3 kilomètres au nord de Beipaà. Cette station est érigée sous le vocable du bienheureux Jean-Gabriel Perboyre, et confiée au frère Eraud sous la direction du Père de Beipaà.

1897. *Du 2 août au 1ᵉʳ septembre*. — Exploration du cours supérieur du Saint-Joseph, jusqu'au confluent de l'*Adualla* et de l'*Alabule* par les Pères de Rijke, Hubert et Jullien. Reconnu la haute montagne située au nord-est du mont Yule, et qui jusqu'ici ne se trouve nommée ni indiquée sur aucune carte. Les sauvages l'appellent *Umi-Manaïa*. Nous lui avons donné le nom de *mont Sainte-Marie*. C'est de là que vient le Saint-Joseph (*Alabule*). Cette montagne paraît avoir une altitude de 4.300 à 4.500 mètres. A une autre montagne située au sud-est du mont Sainte-Marie, et que les sauvages désignent sous le nom de *Velumava*, nous avons donné le nom de *mont Léon*, en l'honneur du Pape heureusement régnant.

Au cours de ce voyage les missionnaires ont visité pour la première fois, les villages d'*Emeue, Polikoïtu, Lolaka, Keakamana*, ainsi que les groupes de *Dinava, Inaimaka, Vale, Deva-Deva*, comprenant un ensemble d'environ quatre mille sauvages. Ces peuplades se sont montrées très bienveillantes envers les missionnaires, et désirent ardemment les voir se fixer dans leur pays.

Novembre. — Les sauvages d'*Eboa*, désireux de s'assurer la protection et l'amitié des missionnaires, viennent dresser leurs cases à deux kilomètres de notre station d'Inawaïa. Pour récompenser leur bonne volonté, on leur accorde un missionnaire, le frère Louis Antoine, chargé de les instruire sous la direction du Père Coltée.

Nous voici arrivés au terme de l'année 1897. Si nous voulons avoir un tableau d'ensemble donnant l'état de la mission à cette date, avec le groupement des stations, la population des villages et le nombre des baptisés, nous avons à notre disposition un document officiel, signé de Mgr Navarre, vicaire apostolique de la Nouvelle-Guinée, et adressé par lui sous forme de rapport au Conseil central de l'œuvre de la Propagation de la foi. C'est un extrait de ce document que nous offrons ici à nos lecteurs.

Au 1er janvier 1897, la mission de la Nouvelle-Guinée anglaise occupait 23 villages instruits, visités, christianisés par nos missionnaires.

De ce nombre, 8 stations centrales, ou résidences de Pères missionnaires, autour desquelles se groupent les stations secondaires, également placées sous leur surveillance, et objet d'une égale sollicitude.

Voici le tableau de nos stations, au 1er janvier 1897 :

DANS L'ILE YULE

Chili avec Eri-Erina (260 habitants, tous baptisés).

DANS LA GRANDE TERRE

1º *Mohou.* — Station centrale : 246 habitants, 235 baptisés. — Pinoupaka : 92 habitants, 73 baptisés. — Babiko : 125 habitants, 104 baptisés. — Rapa : 150 habitants, 14 baptisés.

2º *Bereïna.* — Station centrale : 155 habitants, 125 baptisés. — Abiara : 45 habitants, 20 baptisés. — Arareana : 40 habitants, 17 baptisés.

3º *Inawi.* — Station centrale : 408 habitants, 245 baptisés. — Inawaë : 89 habitants, 40 baptisés. — Raourana : 35 habitants, tous païens.

4º *Beïpaa.* — Station centrale : 634 habitants, 296 baptisés. — Amo-Amo : 140 habitants, tous païens; ce village est occupé depuis trois mois. — Aipeana : 444 habitants, 85 baptisés.

5º *Oriropetana.* — Station centrale : 190 habitants, 28 baptisés. — Bebeo : 185 habitants, tous païens; ce village a été récemment abordé. — Taëna : 45 habitants (comme Bebeo).

6º *Inawaia.* — Station centrale : Station centrale : 315 habitants, 81 baptisés. — Jesu-Baibua : 178 habitants, 130 baptisés. — Eboa : 300 habitants, tous païens; ce village vient d'être attaqué.

7º *Inawabui.* — 220 habitants, 28 baptisés. — Bioto : 110 habitants, 25 baptisés.

8º *Vanouamaë.* — 126 habitants, 30 baptisés. — Abo : 40 habitants, tous païens.

V

NOS ESPÉRANCES

Voilà donc une rapide esquisse de douze années d'apostolat dans un pays absolument neuf, isolé du reste du monde, où tout était à créer, où rien ne s'offrait au missionnaire descendu sur le rivage, que la fièvre, le ciel de feu, des tribus guerrières à dompter; et cela si loin de tout secours humain, de tout ce qui rend la vie acceptable et donne la joie au cœur.....

Pour la gloire de Dieu, nos missionnaires ont engagé la lutte avec le climat, les hommes et les démons ; ils l'ont soutenue dans la pauvreté, à travers les maladies et les contradictions ; et avec la gracieuse assistance de Notre-Dame à qui la Mission est consacrée, ils ont pu lier quelques précieuses gerbes, premier présent d'une terre condamnée, semblait-il, à une irrémédiable stérilité. Ici, comme ailleurs, sous la sueur des ouvriers évangéliques, le champ de l'Église est devenu fécond.

Dieu — c'est notre ferme espoir et notre intime consolation — a suivi avec complaisance le rude travail de ces ouvriers défricheurs. Ils ont eu la tâche ingrate, et plusieurs de ceux qui la soutinrent à leurs côtés se sont couchés le long du sillon, victimes de l'œuvre commune, froment choisi que le Maître s'est hâté de cueillir pour ses greniers éternels.

Il nous reste encore beaucoup à faire. La Nouvelle-Guinée s'offre à nous dans son immensité, et nous appelle de toutes parts. Ses montagnes, ses fleuves, ses rivages ont une voix qui nous crie sans cesse : Venez à nous ! Hâtez-vous d'apporter Jésus à nos peuples..... Ébranlez nos échos au son des cloches chrétiennes..... Dans notre ciel faites briller la croix.

A qui irons-nous d'abord ?... Vers quels horizons, vers quelles tribus nouvelles s'orientera notre barque, et de quel côté jetterons-nous le filet ?.....

Il ne nous appartient pas de le dire. Le Maître est là pour nous faire signe. Notre rôle à nous est d'être attentifs au geste divin et diligents à la manœuvre.

ANDRÉ JULLIEN,

de la Mission de Nouvelle-Guinée, missionnaire du Sacré-Cœur.

PANORAMA DE LA BAIE DE *HALL SOUND* ET DES MONTAGNES QUI DOMINENT LA VALLÉE DU *SAINT-JOSEPH* (Nouvelle-Guinée).

Au premier plan : Port-Léon et la colline de la Première Messe. — A gauche : le mont Yule (Kubio). — Au loin : le mont Sainte-Marie (Umi Manaia). — A droite : le mont Davidson (Boboleva).

Mgr Louis COUPPÉ
Évêque de Léro,
Vicaire apostolique de la Nouvelle-Bretagne
(Nouvelle-Poméranie).

Mgr Louis-André NAVARRE
Archevêque de Cyr,
Vicaire apostolique de la Nouvelle-Guinée
anglaise.

Mgr Henry VERJUS
Évêque de Limyre,
Coadjuteur de Mgr Navarre.

Thursday-Island, (Détroit de Torrès,)

VUE DE LA VILLE. — EN FACE : HORN ISLAND

Thursday-Island. (Détroit de Torrès.)

VUE DU PORT ET DE L'ILE DU PRINCE-DE-GALLES

Thursday-Island. (Détroit de Torrès.)

ÉGLISE DE LA MISSION   RÉSIDENCE DES PÈRES

Thursday-Island. (Détroit de Torrès.)

ÉCOLE DES CATÉCHISTES INDIGÈNES DE LA NOUVELLE-GUINÉE

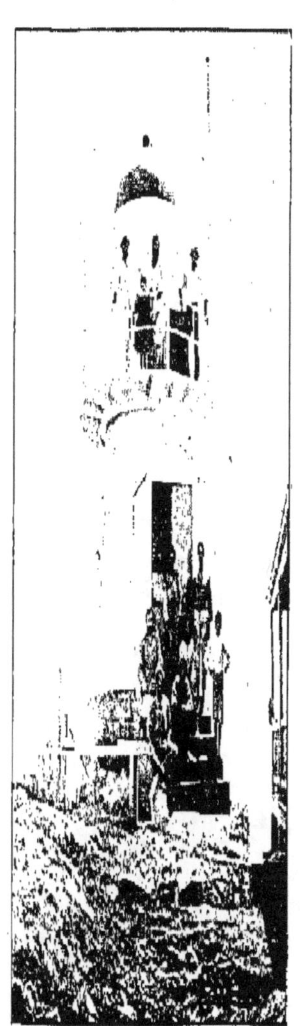

Thursday-Island. (Détroit de Torrès.)

MAISON DES SŒURS ET ORPHELINAT   PHARE A L'ENTRÉE DU PORT

Thursday-Island, (Détroit de Torrès.)

CATÉCHISTES DE LA NOUVELLE-GUINÉE

Thursday-Island. (Détroit de Torrès.)

JEUNES CATÉCHISTES EN PROMENADE   UN DATTIER

Yule-Island. (Nouvelle-Guinée.)

ENTRÉE DE PORT-LÉON

Yule-Island. (Nouvelle-Guinée.)

MAISONS INDIGÈNES ET BAIE DE *Hall Sound.*

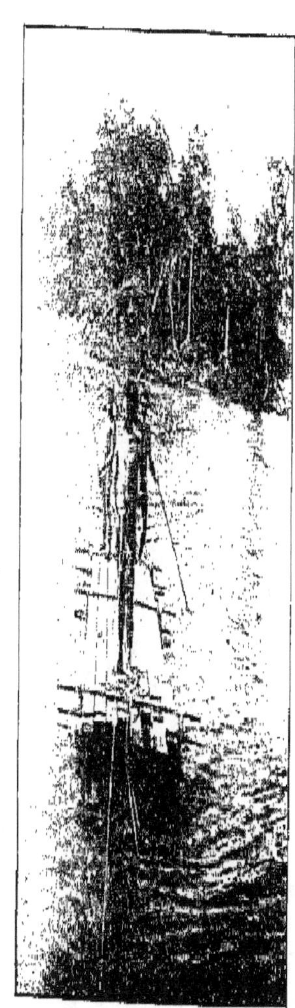

Yule-Island. (Nouvelle-Guinée.)

PALÉTUVIERS DE KAIROKÙ   SAUVAGES CONDUISANT UN TRAIN DE BOIS

Yule-Island. (Nouvelle-Guinée.)

Lakatoi (GRANDE PIROGUE) DE PORT-MORESBY

Yule-Island. (Nouvelle-Guinée.)
UN COIN DE LA FORÊT VIERGE

VILLAGE DE CIRIA

Yule-Island, (Nouvelle-Guinée.)

AIA RAUMA

JEUNE CHEF CANAQUE

SŒURS DE LA MISSION

ET UNE ORPHELINE

Yule-Island. (Nouvelle-Guinée.)

LES ENFANTS DE L'ÉCOLE DES SŒURS

Yule-Island. (Nouvelle-Guinée.)

FEMMES FABRIQUANT
DE LA POTERIE

LUCIA NAIMÈ, DE CIRIA
ENFANT DE MARIE

Yule-Island. (Nouvelle-Guinée.)

CIMETIÈRE DES MISSIONNAIRES

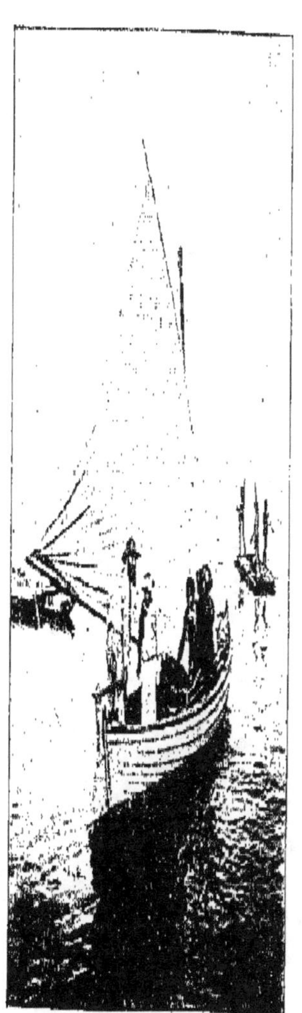

Yule-Island, (Nouvelle-Guinée.)

LE FRÈRE MARIANO,

L UN DES PLUS ANCIENS MISSIONNAIRES

EN ROUTE

POUR PINUPAKA

Nouvelle-Guinée,

LE VILLAGE DE MOHU

Nouvelle-Guinée.

UNE FOURMILIÈRE   EN PIQUE-NIQUE

Nouvelle-Guinée.

CATÉCHISTES INDIGÈNES EN TENUE DE GALA

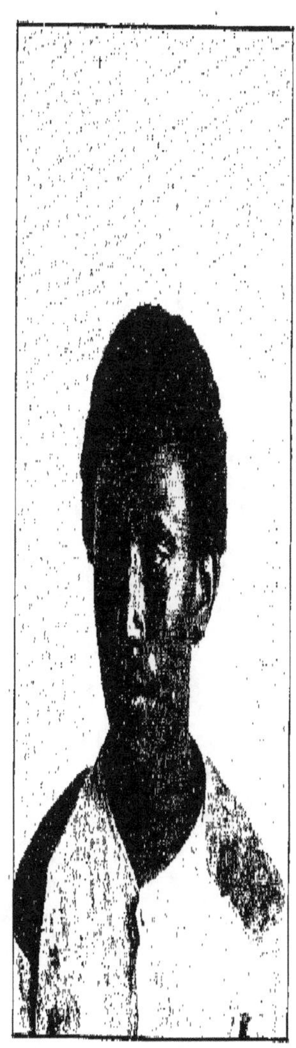

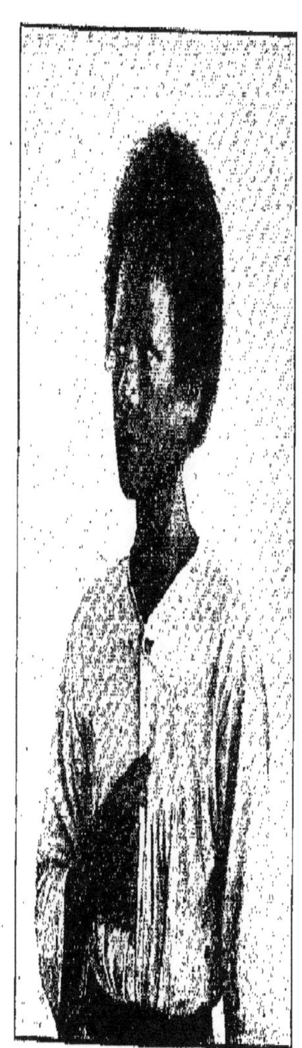

Nouvelle-Guinée. (Catéchistes indigènes.)

JOHANNE BURÉ

WARUPI KÉPA

Nouvelle-Guinée. (Station de Sainte-Marie d'Inawi.)

MAISON DU PÈRE   ÉGLISE   MAISON DES SŒURS

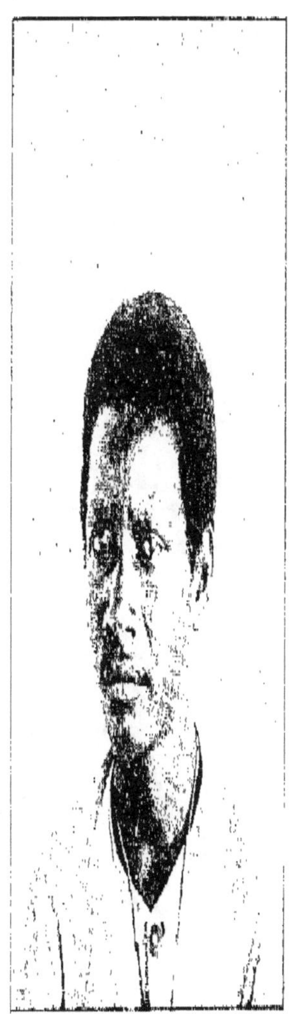

Nouvelle-Guinée. (Catéchistes indigènes.)

TOTO QUÉQUÉ

ANGELO KAIPA

Nouvelle-Guinée.

VILLAGE DE SAINT-PAUL DE BEIPAA

Nouvelle-Guinée. (Ibitoès parés pour la danse.)

JOHANNE WARUPI   ARIKO EPEIÉKÈ

Nouvelle-Guinée.

POSTE D'OBSERVATION DES INDIGENES

Nouvelle-Guinée.

STATION DE JESU-BAIBUA, AU BORD DU SAINT-JOSEPH

Nouvelle-Guinée. (Station de Saint-Michel de Waïma.)

MAISON DU MISSIONNAIRE

Nouvelle-Guinée. Maréa du village de Vanuamaë (Pokno.)

SOLDATS DE L'ARMÉE INDIGENE

Nouvelle-Guinée.

MISSIONNAIRE EN COSTUME DE TRAVAIL

UN COIN DU VILLAGE DE VANUAMAE (POKAO)

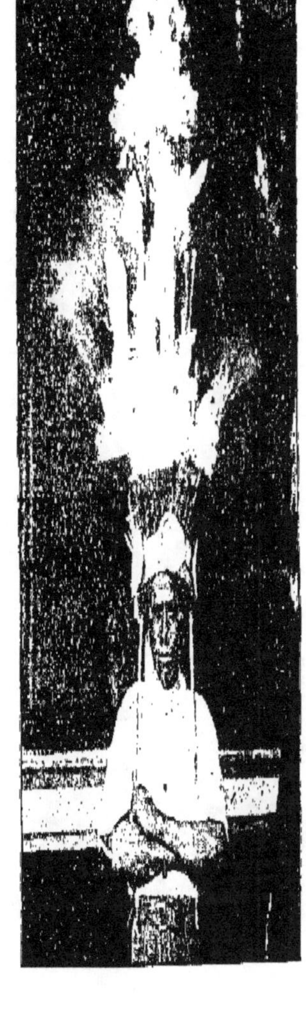

Nouvelle-Guinée.

UMÉ-ZIALA

GRAND CHEF DE POKAO

IBITOÉ

COIFFÉ DU CASQUE DE DANSE

Nouvelle-Guinée.

LIT DE TORRENT DANS LA FORÊT (POKAO)

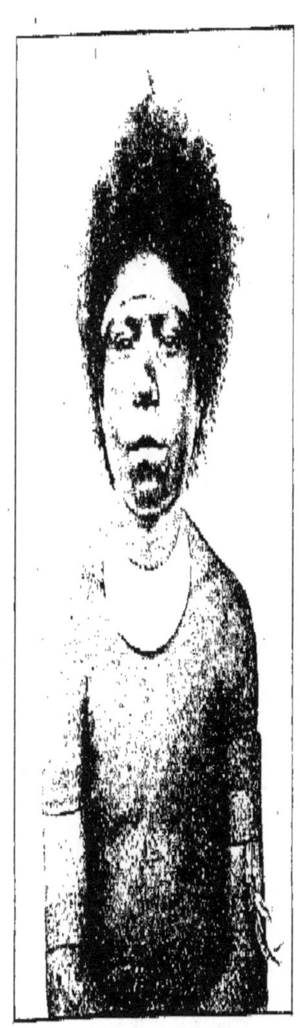

Nouvelle-Guinée. (Enfants de la tribu de Pokao.)

KALUKA   AUA

Nouvelle-Guinée. (A Yule.)

LE MAGASIN AUX PROVISIONS UN JOUR DE DÉBARQUEMENT

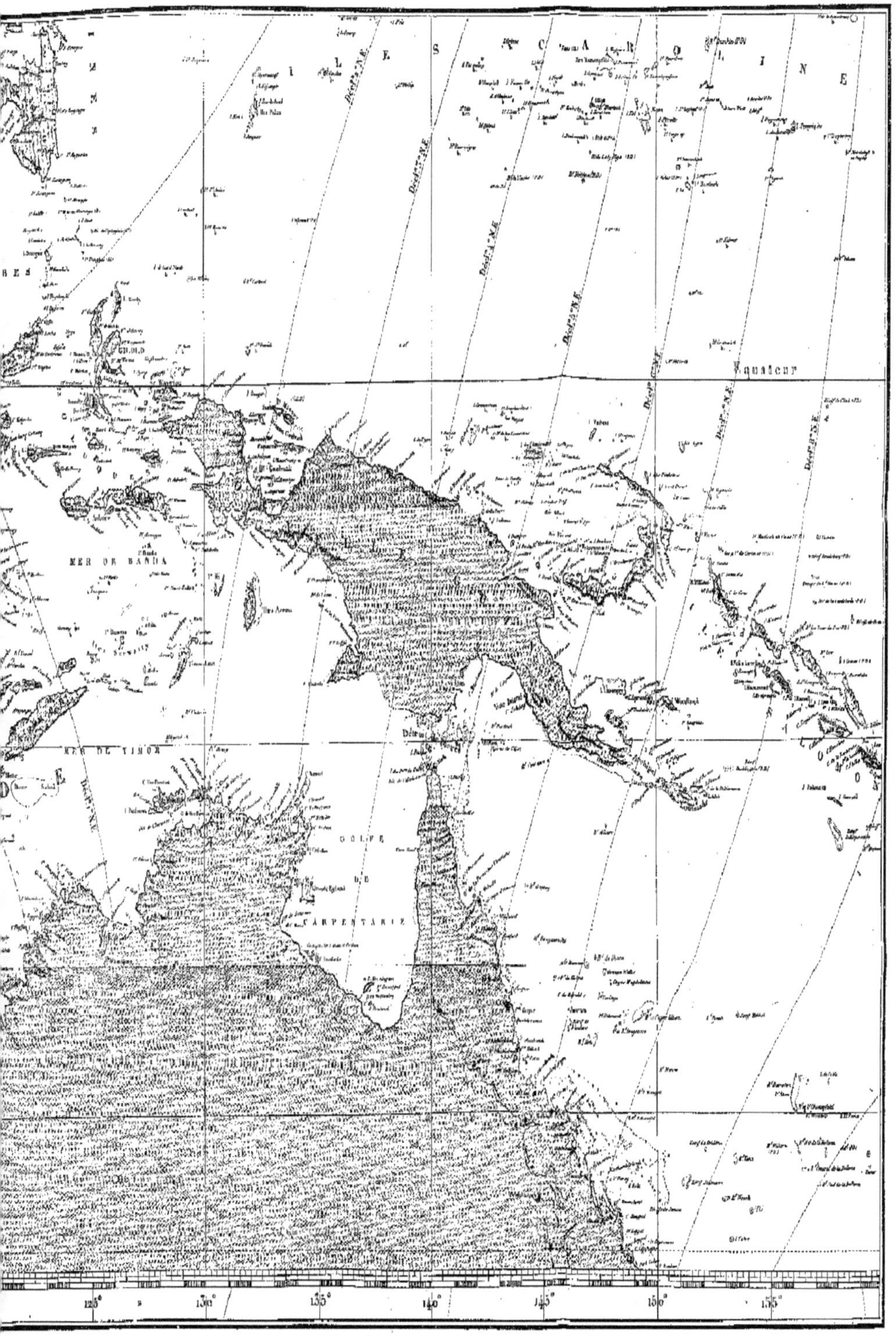

LA NOUVELLE-GUINÉE, LE DÉTROIT DE TORRES ET LES ARCHIPELS DE LA MÉLANÉSIE

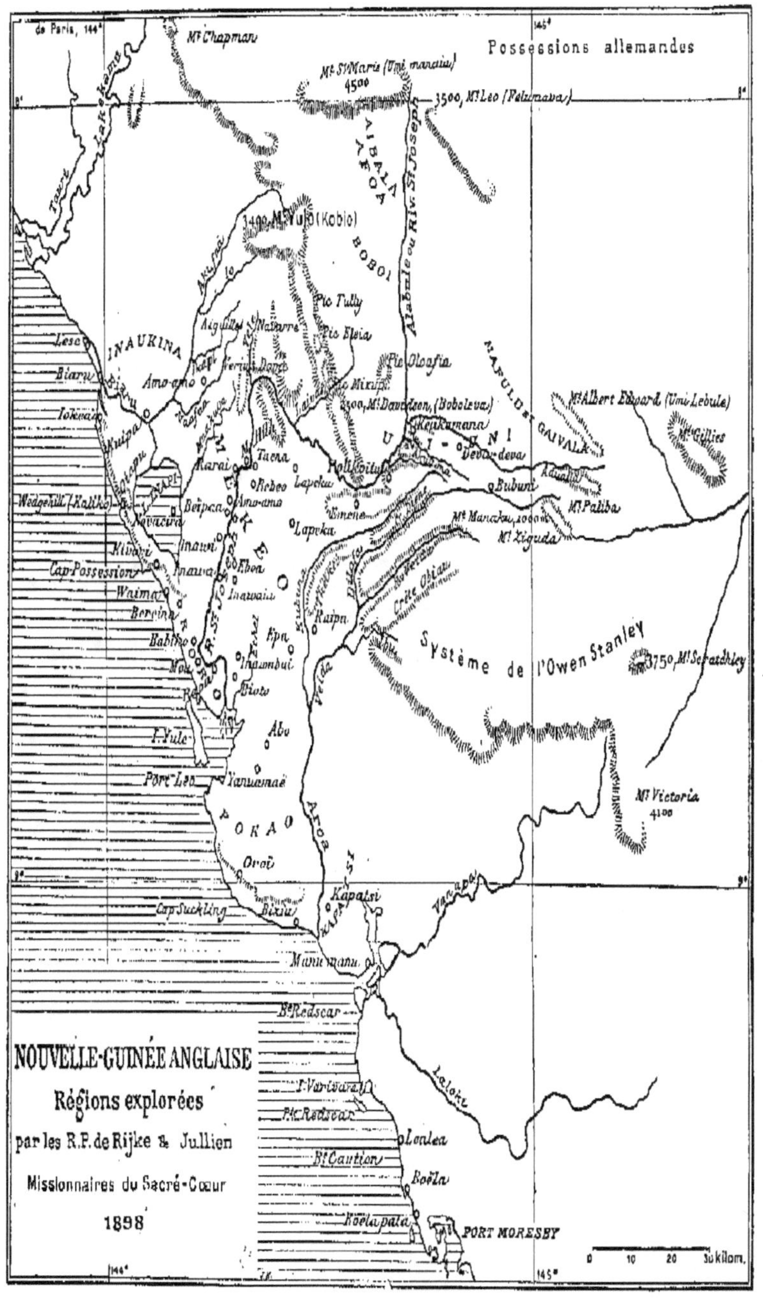
Possessions allemandes
de Paris, 144°
Mt Chapman
Mt Ste Marie (Umi mandiu)
4500
3500, Mt Leo (Felzimava)
AIBALA AOFY
BOBOL
3400, Mt Vulo (Kobio)
Pic Tully
Aiguillo
Navarre
Pic Eleia
Ferme Doue
Pic Oloafia
Pic Mixipi
3500, Mt Davidson, (Bobolexa)
Kejikamana
Mt Albert Edward (Umi Lebule)
NAFULO et GAIVALA
Mt Gillies
UMI - UNI
Devu-deva
Mt Paliba
Holt Coitu
Bubuni
Adabu
Mt Manaku, 1000
Mt Ziguda
Tacna
Karai
Rebeo
Lapeka
Bepea
Emene
Lapeka
Imo-ama
Inauni
Ruipn
Système de l'Owen Stanley
3750, Mt Scratchley
Cap Possession
Elboa
Inauaia
Waima
Bereina
Kpn
Babiko
Inaumbui
Mole
Biotu
Abu
Mt Victoria
4100
I. Yule
Port Leo
Yamamaé
POKAO
Oroi
Kapatsi
Cap Suckling
Bixiu
Manu manu
Bc Redscar
NOUVELLE-GUINÉE ANGLAISE
Régions explorées
par les R.P. de Rijke & Jullien
Missionnaires du Sacré-Cœur
1898
I. Varivara
Pic Redscar
Loulea
Bc Caution
Boëla
Boëlapala
PORT MORESBY
Laloki
0   10   20   30 kilom.